CALM
COLOR BY NUMBERS

CALM
COLOR BY NUMBERS

SIRIUS

SIRIUS

This edition published in 2022 by Sirius Publishing, a division of
Arcturus Publishing Limited,
26/27 Bickels Yard, 151–153 Bermondsey Street,
London SE1 3HA

ISBN: 978-1-83940-665-2
CH007893NT
Supplier 29, Date 0522, PI 00000736

Printed in China

Created for children 10+

Introduction

Coloring is one of the most reflective of pastimes, allowing the artist to focus and concentrate while exercising their skill and fostering artistic talent.

Gathered here you will find a collection of patterns, including mandalas and geometric forms, as well as animals and scenes from nature, and the odd historical figure or artistic masterpiece: versions of Hans Holbein's Henry VIII and Leonardo da Vinci's *Mona Lisa*. They have all been selected for their meditative qualities and created as color-by-numbers images, designed to help you color in your own masterpiece.

This edition has special larger numbers to make them easier to see. Use the key at the back of the book which gives a number reference for every color used in the book. Select your coloring materials according to the key – they can be soft colored pencils, vibrant felt-tip pens, or if you are so inclined, watercolors. Fill in each section in that color, taking care to stay within the lines, then take the next color in the sequence and build up from there for a beautiful and satisfying result.

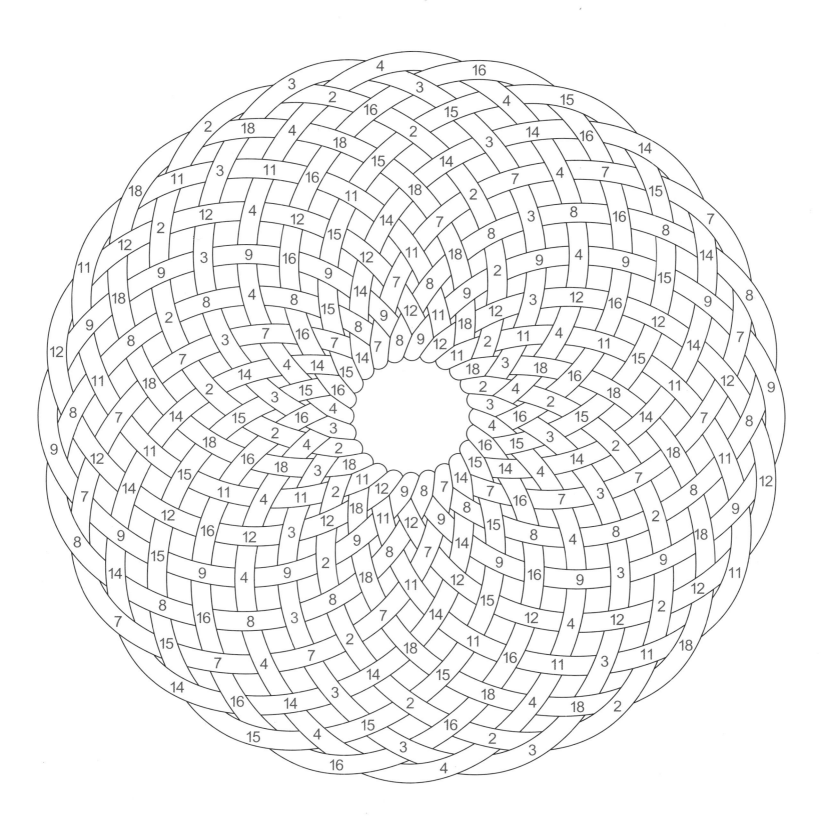

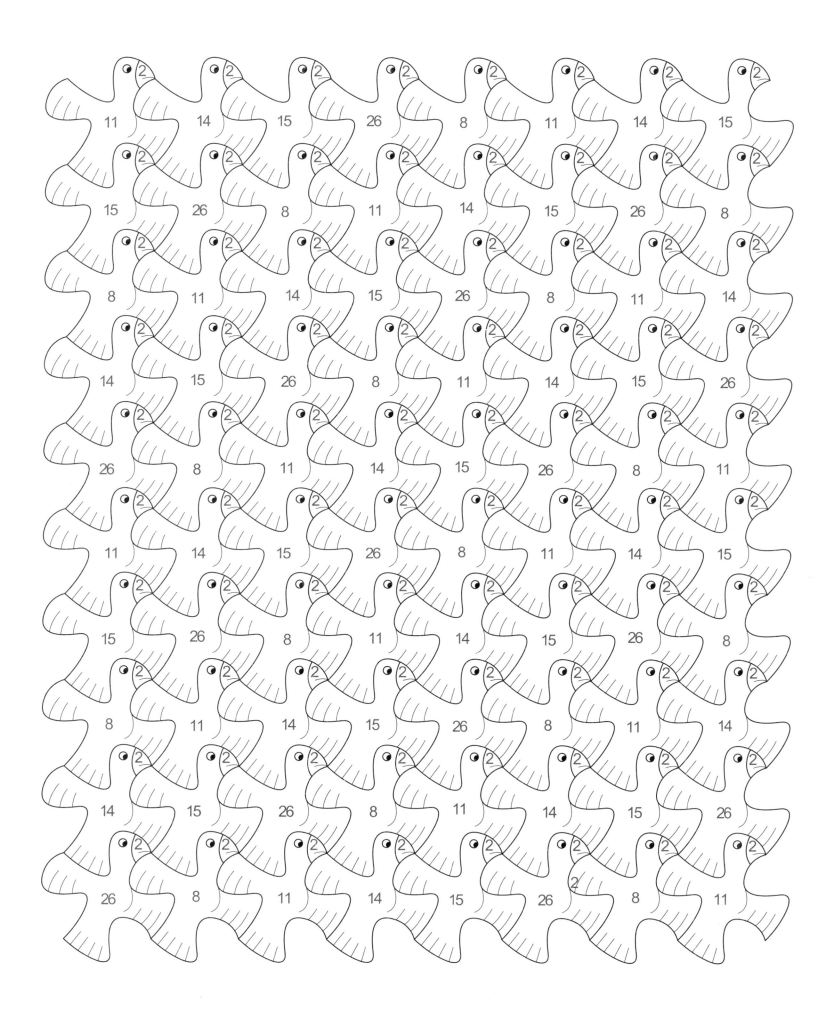

15 1 1 15 18 11 20 20 20 20 20 20 20 11
17 14 1 14 17 10 12 20 12 12 12 20 12

18 15 14 15 18 11 20 12 11 11 11 11 12 20
17 15 15 17 10 12 20 11 10 10 10 11 20 12

18 17 17 18 11 20 12 10 18 18 18 10 12 20
10 18 18 18 10 12 20 11 18 17 17 18 11 20

11 10 10 10 11 20 12 10 17 15 15 17 10 12
11 11 11 11 12 20 11 18 15 14 15 18 11 20

12 12 12 12 20 12 10 17 14 1 1 14 17 10 12
20 20 20 20 20 11 18 15 1 1 15 18 11

20 20 20 20 20 11 18 15 1 1 15 18 11
12 12 12 12 20 12 10 17 14 1 1 14 17 10 12

11 11 11 11 12 20 11 18 15 14 15 18 11 20
11 10 10 10 11 20 12 10 17 15 15 17 10 12

10 18 18 18 10 12 20 11 18 17 17 18 11 20
18 17 17 18 11 20 12 10 18 18 18 10 12 20

17 15 15 17 10 12 20 11 10 10 10 11 20 12
18 15 14 15 18 11 20 12 11 11 11 11 12 20

17 14 1 14 17 10 12 20 12 12 12 12 20 12
15 1 1 15 18 11 20 20 20 20 20 20 11

15 1 1 15 18 11 20 20 20 20 20 20 11
17 14 1 14 17 10 12 20 12 12 12 12 20 12

18 15 14 15 18 11 20 12 11 11 11 11 12 20
17 15 15 17 10 12 20 11 10 10 10 11 20 12

18 17 17 18 11 20 12 10 18 18 18 10 12 20
10 18 18 18 10 12 20 11 18 17 17 18 11 20

11 10 10 10 11 20 12 10 17 15 15 17 10 12
11 11 11 11 12 20 11 18 15 14 15 18 11 20

12 12 12 12 20 12 10 17 14 1 1 14 17 10 12
20 20 20 20 20 11 18 15 1 1 15 18 11

20 20 20 20 20 11 18 15 1 1 15 18 11
12 12 12 12 20 12 10 17 14 1 1 14 17 10 12

11 11 11 11 12 20 11 18 15 14 15 18 11 20
11 10 10 10 11 20 12 10 17 15 15 17 10 12

10 18 18 18 10 12 20 11 18 17 17 18 11 20
18 17 17 18 11 20 12 10 18 18 18 10 12 20

17 15 15 17 10 12 20 11 10 10 10 11 20 12
18 15 14 15 18 11 20 12 11 11 11 11 12 20

17 14 1 14 17 10 12 20 12 12 12 12 20 12
15 1 1 15 18 11 20 20 20 20 20 20 11

9	8	28	28	8	9	8	28	28	8	9	8	28	28	8	9	8	28	28	8	9	8	28	28	8	9	8	28	28	8	9
8	28	4	16	28	8	28	16	4	28	8	28	4	3	28	8	28	3	4	28	8	28	4	16	28	8	28	16	4	28	8
28	4	16	15	14	28	14	15	16	4	28	4	3	2	1	28	1	2	3	4	28	4	16	15	14	28	14	15	16	4	28
28	4	15	14				14	15	16	28	3	2	1				1	2	3	28	4	15	14				14	15	16	28
8	28	14		19	19	19		14	28	8	28	1		19	19	19		1	28	8	28	14		19	19	19		14	28	8
9	8	28		19	14	19		28	8	9	8	28		19	14	19		28	8	9	8	28		19	14	19		28	8	9
8	28	14		19	19	19		14	28	8	28	1		19	19	19		1	28	8	28	14		19	19	19		14	28	8
28	16	15	14				14	15	16	28	3	2	1				1	2	3	28	16	15	14				14	15	16	28
28	4	16	15	14	28	14	15	16	4	28	4	3	2	1	28	1	2	3	4	28	4	16	15	14	28	14	15	16	4	28
8	28	4	16	28	8	28	16	4	28	8	28	4	3	28	8	28	3	4	28	8	28	4	16	28	8	28	16	4	28	8
9	8	28	28	8	9	8	28	28	8	9	8	28	28	8	9	8	28	28	8	9	8	28	28	8	9	8	28	28	8	9
8	28	4	3	28	8	28	3	4	28	8	28	4	16	28	8	28	16	4	28	8	28	4	3	28	8	28	3	4	28	8
28	4	3	2	1	28	1	2	3	4	28	4	16	15	14	28	14	15	16	4	28	4	3	2	1	28	1	2	3	4	28
28	3	2	1				1	2	3	28	4	15	14				14	15	16	28	3	2	1				1	2	3	28
8	28	1		19	19	19		1	28	8	28	14		19	19	19		14	28	8	28	1		19	19	19		1	28	8
9	8	28		19	14	19		28	8	9	8	28		19	14	19		28	8	9	8	28		19	14	19		28	8	9
8	28	1		19	19	19		1	28	8	28	14		19	19	19		14	28	8	28	1		19	19	19		1	28	8
28	3	2	1				1	2	3	28	16	15	14				14	15	16	28	3	2	1				1	2	3	28
28	4	3	2	1	28	1	2	3	4	28	4	16	15	14	28	14	15	16	4	28	4	3	2	1	28	1	2	3	4	28
8	28	4	3	28	8	28	3	4	28	8	28	4	16	28	8	28	16	4	28	8	28	4	3	28	8	28	3	4	28	8
9	8	28	28	8	9	8	28	28	8	9	8	28	28	8	9	8	28	28	8	9	8	28	28	8	9	8	28	28	8	9
8	28	4	16	28	8	28	16	4	28	8	28	4	3	28	8	28	3	4	28	8	28	4	16	28	8	28	16	4	28	8
28	4	16	15	14	28	14	15	16	4	28	4	3	2	1	28	1	2	3	4	28	4	16	15	14	28	14	15	16	4	28
28	4	15	14				14	15	16	28	3	2	1				1	2	3	28	4	15	14				14	15	16	28
8	28	14		19	19	19		14	28	8	28	1		19	19	19		1	28	8	28	14		19	19	19		14	28	8
9	8	28		19	14	19		28	8	9	8	28		19	14	19		28	8	9	8	28		19	14	19		28	8	9
8	28	14		19	19	19		14	28	8	28	1		19	19	19		1	28	8	28	14		19	19	19		14	28	8
28	16	15	14				14	15	16	28	3	2	1				1	2	3	28	16	15	14				14	15	16	28
28	4	16	15	14	28	14	15	16	4	28	4	3	2	1	28	1	2	3	4	28	4	16	15	14	28	14	15	16	4	28
8	28	4	16	28	8	28	16	4	28	8	28	4	3	28	8	28	3	4	28	8	28	4	16	28	8	28	16	4	28	8
9	8	28	28	8	9	8	28	28	8	9	8	28	28	8	9	8	28	28	8	9	8	28	28	8	9	8	28	28	8	9
8	28	4	3	28	8	28	3	4	28	8	28	4	16	28	8	28	16	4	28	8	28	4	3	28	8	28	3	4	28	8
28	4	3	2	1	28	1	2	3	4	28	4	16	15	14	28	14	15	16	4	28	4	3	2	1	28	1	2	3	4	28
28	3	2	1				1	2	3	28	4	15	14				14	15	16	28	3	2	1				1	2	3	28
8	28	1		19	19	19		1	28	8	28	14		19	19	19		14	28	8	28	1		19	19	19		1	28	8
9	8	28		19	14	19		28	8	9	8	28		19	14	19		28	8	9	8	28		19	14	19		28	8	9
8	28	1		19	19	19		1	28	8	28	14		19	19	19		14	28	8	28	1		19	19	19		1	28	8
28	3	2	1				1	2	3	28	16	15	14				14	15	16	28	3	2	1				1	2	3	28
28	4	3	2	1	28	1	2	3	4	28	4	16	15	14	28	14	15	16	4	28	4	3	2	1	28	1	2	3	4	28
8	28	4	3	28	8	28	3	4	28	8	28	4	16	28	8	28	16	4	28	8	28	4	3	28	8	28	3	4	28	8
9	8	28	28	8	9	8	28	28	8	9	8	28	28	8	9	8	28	28	8	9	8	28	28	8	9	8	28	28	8	9